AF452816

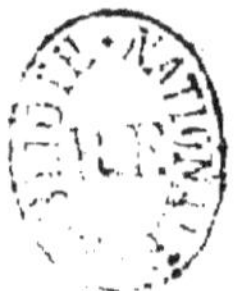

ANTONIN,

OU

LE FILS

DU CAPUCIN.

PAR UN RELIGIEUX DE L'ORDRE.

A PARIS.

Chez SIMON, rue du Four, No. 20.
Et chez les March. de nouveautés.

———————

1801. — AN X.

ANTONIN,

OU

LE FILS DU CAPUCIN.

Puisque tout le monde a la manie d'écrire, je livre au public ce pauvre opuscule dont je lui permets de faire tel usage que bon lui semblera. Quoique jeune encore, une longue expérience a tout à la fois échauffé ma tête et mûri mon intelligence. Il me tarde encore de connoître et d'être connu. Cependant que les oreilles chastes n'aillent pas se trouver choquées de quelques peintures innocentes nées de l'imagination et étrangères au cœur, je n'é-

A

cris point pour ces êtres orgueilleuse-
ment modestes qui cachent , sous
une paupière pudique , toute la lubricité de leurs yeux..... Mais trève à
cette espéce de préface , et entrons
en matiére.

Je suis né à Tours , de Marie-Louise
Brissot , et de Jean-Baptiste-Joachim
Antonin, ou si j'en crois la médisance,
du révérend père Timothée , gardien
du couvent des capucins de cette ville;
mes parens, quoique pauvres, s'effor-
cèrent de me donner une éducation qui
pût répondre aux graces naissantes de
ma petite personne. M. Briochet, mar-
guillier de la paroisse, que j'eus l'hon-
neur d'avoir pour parrain, ne voulut pas
que je portasse le nom d'Antonin trop
dur pour ses oreilles et celles de quelques dévotes habituées de la cathé-

dràle , et c'est de M. Briochet que je
tiens le joli nom de Zéphirin qui lui
venait en droite ligne d'un de ses
ayeux qui vivait sous Louis XII
d'heureuse mémoire.

Un faiseur de romans se garderait
bien d'omettre la moindre particula-
rité de l'enfance de son héros ; il vou-
drait absolument que le pauvre lecteur sût que tel jour de telle année, il
fut fouetté par M. Martinet, son maître d'école ; que tel autre jour, on
lui fit présent d'une poupée, d'une…;
mais je n'abaisse pas mon imagination à ces puérilités ; il suffira que
mon lecteur sache que j'étais à douze
ans le plus joli petit polisson de
Tours, et que toutes les femmes hon-
nêtes me trouvaient charmant ; on
me donnait de tems en tems quelques

baisers fort innocens que j'avais la modestie de prendre pour des à-comptes sur les faveurs qu'elles devaient m'accorder un jour, quand mes forces pourraient correspondre à ma bonne volonté. Mon intelligence avait été hâtive ; depuis long-tems je savais apprécier les carresses d'une femme , et cependant , outre un baiser, ou quelques attouchemens permis , j'ignorais qu'il pût y en avoir de plus expressives. Un évènement éclaira mon ignorance , et ne contribua pas peu à développer mon tempérament : un jour d'été (on me croyait à l'école), je fus tout-à-coup éveillé par un mouvement continu que j'eus la bonté de prendre d'abord pour un tremblement de terre , mais quelques mots entrecoupés , qui par-

taient de la chambre voisine, me tirèrent de mon erreur. L'enfance est
curieuse, et ce jour-là, j'étais plus
enfant que jamais ; à l'aide de mon
couteau, je fis à la cloison de sépa-
ration, un petit trou où je pouvais
à peine appliquer l'œil ; cependant,
j'appercevais déja deux paires de
pieds qu'un mouvement continu tenait en action ; je vis des sandales...
Des sandales, me disais-je ? Que se-
rait-ce donc ? Voyons encore. Et
voilà que mon officieux couteau élar-
gissait sensiblement mon trou d'obser-
vation : je vis bientôt la robe, le cor-
don ; je vis.... je vis tout, excepté
des figures. Enfin, graces à mon
couteau, j'apperçus totalement les
deux personnages de cette scène intéressante. Que devins-je en voyant

ma mère qui s'agitait sous sa révérence ? Ma mère....... ! Grands
dieux..... ! Et je devins plus atten-
tif que jamais ! Et je retenais ma res-
piration pour ne point troubler une
action si plaisante, et à laquelle je
prêtais déja tant d'intérêt ! Ma mère,
la gorge nue, serrait des bras et des
jambes sa lubrique révérence, et
couvrait de baisers de flamme sa figure de satire. Je vis tout-à-coup le
père Timothée rouler des yeux égarés
et redoubler la violence de ses coups;
je ne crois pas avoir jamais vu de
situation plus plaisante et de figures
plus grotesques. Le dénouement ap-
prochait, ma mère jouait des cuis-
ses avec une admirable volubilité,
et le révérend couvrait de baisers
tout ce qu'il rencontrait ; enfin aux

plus doux transports succéda le plus beau silence. J'en fus d'abord fâché parce que je voyais finir trop tôt un acte qui devait prodigieusement influer sur mon instruction ; mais aux demi - mouvemens et aux soupirs étouffés des deux combattans , je compris qu'ils n'avaient pas encore abandonné le champ de bataille. Après une minute d'anéantissement, quelques baisers les rappelèrent à eux-mêmes, et le révérend , en quittant sa position, fit entrevoir le plus brillant instrument. Je m'avisai alors de lui comparer le mien , et à mon grand regret, je vis que je n'étais encore qu'un pygmée. Mais on me préparait un autre étonnement : le père Timothée , en quittant ma mère, laissait à découvert une mousse

épaisse , au milieu de laquelle j'apperçus deux lèvres assez vermeilles,
mais encore mouillées par la scène
qui venait de se passer: une serviette
blanche , en les essuyant, les rendit
à leur siccité naturelle , et les deux
amans se retirèrent après s'être em-
brassés le plus tendrement possible.
Comment peindre mon stupide étonnement ? J'errais dans une mer de
réflexions , et le résultat fut que je
ferais mes premières expériences
avec mademoiselle Louison , ma voisine , qui , à deux ans plus que moi ,
joignait le naturel le plus complaisant et le plus joli petit cœur du
monde.

Je rentrai pour dîner , et j'apperçus,
sur le visage de ma mère , un air de
satisfaction qui dissipa la crainte où

j'étais qu'elle n'eût soupçonné mon indiscrète curiosité.

Après dîner, je montai chez ma voisine que je trouvai fort heureusement seule. Je ne sais si c'est crainte, pudeur ou tout autre sentiment, mais elle rougit à ma vue et baissa ses longues paupières ; quoi qu'il en soit, j'en induisis qu'on me craignait déjà, malgré ma grande jeunesse, et que l'on commençait à me croire redoutable ; je me plus dans ce rêve de mon amour - propre. Je courus de suite m'asseoir auprès de Louison. Elle était occupée, mais j'étais auprès d'elle ; elle cousait, mais je lui disais des douceurs, et l'éguille infidèle s'échappait de ses mains tremblantes..... Oh! comme elle était intéressante dans ces momens d'abandon,

où le desir lutte avec la pudeur expirante ... Ah ! si j'avais osé... Mais
j'étais jeune encore et timide. Cependant un regard m'enhardit ; j'étais
dévoré du desir de m'instruire ; une main téméraire s'est glissée dans le
fichu, et parcourt un sein que l'amour commençait à arrondir ; une autre, plus audacieuse, descend jusqu'au sanctuaire de la volupté......
Une mousse légère ombrageait le temple du plaisir, et mes doigts s'égaraient avec délices dans ce taillis délicat... Mais Louison repoussait ma main téméraire et invoquait en vain tous les dieux et tous les saints du calendrier : on ne résiste pas toûjours... Les sens s'échauffaient, et la pudeur disparut bientôt devant l'attrait du plaisir. Je la portai, ou plutôt je la

conduisis sur le lit voisin, et ce fut là
que je fis le premier sacrifice à l'a-
mour.... J'avais devant les yeux
l'exemple du révérend père Timothée. Louison oubliant toute retenue
se livrait toute entière à mes desirs,
et me présentait une victime obéissante. Cependant le sang coule sous
le fer sacré.... Un cri, précurseur
de la volupté, se fait entendre....
Louison, en proie au plaisir, à la
douleur, à la crainte, à l'espérance,
redouble d'efforts. Ah ! mon ami,
s'écriait-elle, cher ami... pousse...
encore... ah ! tu me fais mourir....
allons... plus fort... là... bien...
je ne sais... ah ! grands dieux ? je
me pâme... Et la pauvre Louison,
toute entière au plaisir, cesse de voir
et d'entendre... Ce premier moment

me sera toujours présent.... Il me
sembla voir le ciel ouvert, et je sentis couler dans mon ame un torrent
de volupté; nous réitérâmes nos jolis
exercices avec un peu moins de difficulté, et je quittai Louison toute
honteuse, et couverte du plus bel in-
carnat.

Les jours s'écoulaient rapidement,
et les jours étaient filés par les mains
du plaisir. Le dieu qui veille sur les
amans, étouffa, dans le sein de Louison, cette sémence vitale, si douce
à répandre, et si dangereuse dans ses
suites...... L'amour endormit nos
argus..... Un air de pudeur et de
modestie, qui semblait déceler un
cœur neuf encore, voilà ce qui in-
téressait d'abord en faveur de Louison, et notre commerce fut si secret
qu'elle

qu'elle épousa depuis un richard, qui, dupe de son air virginal, assurait tout le monde qu'il avait eu les pré- mices de sa femme.

Cependant j'avais dix-sept ans, des graces, une figure charmante, et à ce que disaient certaines femmes qui auraient desiré me mettre à l'épreuve, j'avais les plus belles dispositions du monde. On tint un comité de famille qui fut présidé par M. Briochet, mon parrein, comme étant le bel esprit de son quartier, et il y fut décidé que l'on m'enverrait à Paris pour dé- velopper mes dispositions et me for- mer à la société.

Je fus donc bien et duement em- paqueté dans la diligence, après avoir reçu les baisers de toute ma famille, et ceux du père Timothée, qui sem-

bla m'embrasser avec plus de tendresse que mes parens. J'étais porteur
d'une lettre à l'adresse de M. N.....
curé de..... que ma mère appelait
son cousin, et qui devait me faire un
accueil distingué. On me recom-
manda aussi à M. Fouet, cocher de
la diligence, connu par sa dextérité à
conduire.

Je veux bien transporter de suite
mon lecteur à Orléans, car que lui
servirait le détail minutieux d'une
route qui n'offre rien d'interressant?
A Orléans donc, nous fûmes reçus
par une femme déjà sur le retour,
dont la figure offrait un mélange
bizarre des deux sexes, et dont les
yeux perçans dénottaient un tempérament de feu. On verra bientôt que
j'étais déjà connaisseur. Elle nous

servit un souper détestable , après
nous avoir assuré que son auberge
était la seule où les voyageurs fussent
bien traités. La voiture avait été fati-
gante , et chacun de nous aurait volontiers fait grace , en faveur du lit
de notre hôtesse , de son misérable
repas qu'elle voulait absolument nous
faire trouver excellent. J'avais déjà
remarqué que notre mégère me faisait
assez grotesquement les yeux doux ;
en me conduisant dans une chambre
séparée des autres , elle me fit un
signe que je ne pus comprendre ,
malgré toute mon intelligence.

J'avais beaucoup fatigué , et à
peine fus-je couché que le sommeil
me prit ; je dormais paisiblement
quand je fus éveillé par une voix
qu'on s'efforçait de rendre tendre : je

me lève en sursaut, et demande vive-
vement qui est là ? — C'est - moi,
mon petit ami, c'est moi. — Qui,
vous ? — Ne le devinez-vous pas,
tout le monde dort, et c'est l'amour,
oui mon tout, l'amour qui m'amène
vers vous..... Ah ! petit cruel, si
vous saviez; et une main, que j'aurais
volontiers prise pour celle d'un homme, s'introduisait furtivement dans
mon lit, et parcourait mes endroits
les plus secrets. — Je me retire effrayé, mais l'indomptable femelle ne
lâchait pas sa proie. Je menaçai de
crier. — Inutilement. . . . . . Votre
chambre est séparée des autres, me
dit-elle, on ne vous entendra pas...
vous êtes à moi.

Je me débattais en vain ; mon ad-
versaire joignait à toute l'ardeur d'une

femme en chaleur , la force d'un Hercule.... J'obtins enfin, et ce ne fut pas sans peine, qu'elle ne me violerait pas entièrement, et qu'elle se contenterait de l'accessoire. Elle en usa amplement, et comme Prothée, elle emprunta toutes les titillations pour éveiller mes sens, mais inutilement. Je ne pouvois me faire illusion, et j'étais comme une victime qui présente une tête obéissante au fer du sacrificateur. Le jour commençait à poindre, elle me laissa en proie à mes réflexions, et tout couvert des marques de sa terrible lubricité. Je me hâtai de me lever, de peur qu'il ne prît encore envie à mon inflexible hôtesse de venir faire un nouvel essai de ma patience et de ma résignation. Elle m'envoya quelques restau-

rans pour récompenser ma complaisance, et ce souvenir de sa part me
la fit trouver moins laide et moins
hideuse, tant il est vrai qu'un bon
cœur cherche toujours à excuser.

Nous partîmes le matin assez mé-
contens de l'aubergiste; et moi, pâle
et épuisé, comme quelqu'un qui a
fourni à de longues courses et succombe à la fatigue. Les plus péné-
trans jugèrent que je m'étais laissé
aller à la tentation; mais ils ne pou-
vaient supposer que notre hôtesse en
eût été l'objet, tant elle leur en parut
indigne.

Nous arrivâmes à Paris, le 11 juil-
let 1787. Je m'étais fait de la capitale
une idée fantastique; mais je fus bientôt tiré de mon erreur, car je n'apperçus, dans ce séjour de délices,

qu'un cahos éternel, des maisons peu
différentes de celles de Tours, et un
flux continuel de passans qui obs-
truaient les rues et se pressaient de
telle sorte qu'il en résultait souvent des
accidens. Je revins cependant de cette
idée défavorable en voyant les monu-
mens magnifiques qui ornaient la plus
belle cité de l'Europe. M. Fouet,
complaisant comme tous ceux de son
état quand on les paie bien, me conduisit chez M. N***, qui me reçut
comme un parent long-tems desiré,
et me lança un regard de mignardise
dont je me défiai d'abord. M. N***
est un gros petit homme dont l'esprit est aussi épais que le physique ;
mais comme il est prodigieusement
volumineux, et qu'il a encore plus
d'esprit à lui seul que toutes les béates

de sa paroisse , elles avaient grand soin de répandre que leur benoît pasteur était un homme de *poids* et du plus grand mérite, et d'après un témoignage aussi irrécusable, personne ne s'avisait de douter du *poids* et du mérite de M. N***. Deux servantes jeunes, et même assez jolies, composaient son domestique, et je ne fus pas long-tems à m'appercevoir que mon cher parent sacrifiait plus souvent à l'autel de ses servantes qu'à celui de Jesus-Christ. C'est ce que m'apprit un petit mouvement de curiosité qui me porta à regarder un jour, par le trou de la serrure, le saint pasteur prenant ses ébats sur une de ses ouailles chéries.

M. N*** voulait faire de moi un théologien, un logicien, un rhétoricien , un philosophe ; non pas de ces philosophes incrédules qui s'avisent de ne pas croire à la maternité d'une vierge , ni aux miracles de Benoît-Joseph Labre ; mais un de ces philosophes gourmands qui font consister le bonheur à boire , manger , dormir en paix, sans songer au malheureux qui leur tend une main suppliante.

A peine dans mon 18e. printems, on préjuge bien que les leçons de mes nouveaux maîtres devaient m'être un puissant narcotique ; en effet quel attrait peut offrir une science abstraite dont l'obscurité est le premier mérite ? La métaphisique est un champ stérile ouvert à tous les argumens, à tous les systêmes. Jamais le flambeau de la vérité n'a dissipé les ténèbres épaisses qui le couvren';

un maniaque y entre effrontément,
et du milieu de la nuit profonde qui
l'environne, il nous crie qu'il voit le
soleil; le vrai savant fuit cet écueil
de la raison, comme nos pères
fuyaient autrefois, avec une crainte
religieuse, les bouches de l'Averne,
ou les sources de l'Achéron. Locke,
Condillac, Mabli, Newton, Leib-
nitz, penseurs froids et sublimes, vos
ouvrages perceront la nuit des siècles;
mais quel bien ont-ils produit à la
triste humanité? L'homme en a-t-il
argué qu'il devait être juste et bon?
comme si ce premier axiôme de la
morale n'était pas écrit dans tous les
cœurs. Esclaves d'un préjugé, nous
nous prosternons devant l'audacieux
qui veut nous apprendre l'art de penser... L'art de penser!!! Et nous

oublions que la pensée est inhérente à tous les hommes, qu'elle ne peut recevoir de frein !!! Un argumentateur téméraire obtient des droits à nos respects, et nous ririons de l'insensé qui prétendrait nous instruire à satisfaire les premiers besoins de la nature; tant il est vrai que tout ce qui porte le caractère obscur du merveilleux, commandera toujours le respect et déterminera le suffrage.

Mais trève à cette digression qui n'aurait pas dû trouver place dans un ouvrage frivole. J'ai dit qu'aux qualités physiques qui sont d'un grand poids auprès des femmes, je réunissais cette folle légèreté, ces prévenances aimables qui intéressent le sexe..... J'avais déjà perdu ces airs gauches, naturels à la province, grace à mes nouvelles sociétés ! Rien de plus aisé qu'un parisien ; il lie et rompt amitié avec la plus grande facilité..... le premier jour il met de côté le terme bannal de monsieur, et le second il pousse sa familiarité jusqu'au tutoiement..... Ces connaissances me procurent l'entrée de plusieurs sociétés, et j'avouerai qu'elle n'étaient pas toutes choisies : au demeurant, j'y trouvai cadre à des aventures souvent heureuses , et fâcheuses par fois. Celle dont je vais parler faillit m'être fatale.

Au sortir d'un repas que d'autres moins indulgens appelleraient une orgie , nous allâmes au spectacle, l'affluence était grande , le hazard me plaça près d'une brune qui préluda à ma connaissance par un coup-d'œil

connaisseur

connaisseur ; je m'applaudis de cette remarque flatteuse , et j'entrepris de réaliser ses espérances... Un argus femelle s'opposait à mes vues, mais il était facile de l'éconduire.... Je commençai l'entretien par ces lieux communs qui n'aboutissent à rien, et dont les oisifs se fatiguent mutuellement. La demoiselle joua la sensibilité avec une merveilleuse facilité... Son esprit m'enchanta, et peu s'en fallut que dès-lors cette sirène dangereuse n'eut trouvé le véritable chemin de mon cœur... Le spectacle fini, je proposai de reconduire, mais on me prévint en m'offrant du consentement de la Duègne, une place dans la voiture. Je brûlais de desir , aussi acceptai-je avec transport..... La route ne fut pas longue,

C

nous arrêtâmes rue de Richelieu ; à une maison superbe , où nous fûmes reçus par une valetaille splendidement vêtue , ce luxe m'étonna..... Je donnai la main à ma dulcinée , et nous traversâmes des appartemens d'une richesse peu commune ; on m'offrit le souper , j'étais trop amoureux pour refuser : le repas fut charmant , excellente chère , un vin délicieux , une gaîté vive , et les plus jolis bons mots possibles. Le vin m'excitait, et je m'apperçus qu'il produisait sur ma belle convive un effet semblable , je hazardai un baiser qui me fut rendu avec un feu..... Ma préoccupation m'avait empêché d'apercevoir que l'officieuse avait disparu. Le tête-à-tête m'enhardit, et je conduisis, sans grande difficulté , ma victime à l'autel où je devais la sacrifier. J'étais dans le plus brillant état, aussi trouvai-je facilement l'entrée de sa jolie cellule...... Deux efforts m'en firent trouver le fonds...... Il est vrai qu'elle s'y prêtait avec le maximum de la complaisance..... Ses jambes entrelacées me serraient vigoureusement , et sa langue allait chercher la mienne jusqu'au fonds de mon palais..... Messaline n'était pas plus voluptueuse. Je rafraîchis deux fois l'autre brûlant qui m'avait reçu , et après quelques momens d'épanchement...... de cœur...... l'édredon devint le théâtre de mes nouveaux exploits...... Je fus un Hercule , et la donzelle mourrait pour la huitième fois , quand nous fûmes ressuscités par un bruit qui m'effraya..... Une voix, plus que mâle, demandait cavalièrement l'ouverture de la porte, que j'avais eu le bon esprit de fermer; je consultai du geste ma compagne, qui ne me répondit qu'en me serrant à m'étouffer..... Je m'échappai de ses bras et me saisis de mes vêtemens..... Sa frayeur m'épouvantait, elle me conjurait de fuir, car j'avais tout à craindre si son amant me surprenait avec elle. Le spadassin commençait à s'impatienter, il ne me restait plus qu'un parti... J'attachai les draps à la croisée, et d'un élan, je me trouvai dans la rue, mourrant de froid, et jurant de ne plus m'exposer à la colère d'un férailleur, et aux faveurs, plus dangereuses encore, d'une *jolie femme de Paris*.....

Je revins à la maison dans cette

ferme résolution , mon absence ne fut pas suspecte à M. N*** ; quelques avances , et l'art de dire ce que je ne pensais pas, me valurent les bonnes graces de ses servantes. Je leur dus de connaître des choses qui auraient fait rougir le libertin le plus exercé.

Ma conjecture n'était que trop fondée ; mon cher parent , blâsé sur toutes les voluptés, était réduit à en chercher de nouvelles, au-delà de la nature , et il avait espéré trouver en moi la plus grande docilité.

Je devins défiant , je renfermai en moi-même tous les sentimens de reconnaissance que je lui devais ; je craignis qu'il ne prit l'effusion de ma tendresse pour une participation à ses goûts, aussi devins-je plus froid et plus réservé que jamais.

C 3

Doué d'un tempérament robuste et au-dessus des desirs que je sentais naître à chaque instant ; je ne me contentai pas de quelques aventures nées du hasard, mon ambition était de me faire un vaste serrail et de m'entourer de toutes les femmes que j'aurais subjuguées.

Je voyais souvent, chez M. N***, une certaine sœur Ursule qui partageait avec la mère Agnès le soin de diriger un couvent de fringantes nonnettes.... Il me prit envie de franchir les murs sacrés et d'introduire le loup dans la bergerie. En effet, quelques demi-confidences me gagnèrent tout-à-fait la pauvre sœur Ursule qui, déja sur le retour, se trouvait fort honorée qu'un joli garçon, comme

moi, voulût bien lui donner part à
ses faveurs... Je lui jurai que je l'a-
dorais, et Ursule me croyait; que
mon secret périrait avec moi, et Ursule me croyait. Je feignais d'aspirer
à l'heureux instant où je pourrais la
serrer dans mes bras, elle crut mes
empressemens, et pour jouir sans
trouble de ce qu'elle appelait notre
amour, elle conçut l'extravagant
projet de m'introduire dans le couvent sous les habits d'une religieuse.
Une figure un peu efféminée, une
voix déguisée, une taille moyenne,
voilà ce qui était nécessaire pour fa-
ciliter l'exécution de son plan; je
prévoyais bien que je rencontrerais
l'occasion de signaler mes talens avec
d'autres que sœur Ursule. Un séjour
à la campagne fut le prétexte dont je

me servis près de M. N*** pour co-
lorer mon absence, et couvert d'uu
habit que m'avait fait tenir la sœur
Ursule, je fus présenté à madame la
supérieure qui me reçut le plus agréa-
blement possible ; et m'assura, en me
posant la main sur la joue, de son
amitié et de sa protection. Je jouai
mon rôle à ravir, et toutes ses nonnettes, Ursule exceptée, furent dupes
de mon sexe. En jettant un regard
curieux sur les religieuses qui m'en-
touraient et m'accablaient de carresses, je remarquai une jeune personne dont la phisionomie douce et
expressive portait l'empreinte de la
plus grande sensibilité; j'appris bientôt
qu'elle s'appelait Lucie... Un mouvement subit m'entraîna vers elle, et
peut-être aurais-je commis quelque

indiscrétion, si les regards jaloux de sœur Ursule , et un sentiment de crainte ne m'eussent retenu dans mon rôle. On me conduisit dans la cellule qui m'était destinée... Sa structure était simple , et son ameublement , sans être luxueux , était de la plus élégante propreté. Le soir, ce fut fête dans la maison ; on soupa au réfectoire , et je vis toutes ces prudes austères dérider leur gravité et s'ouvrir à la joie. Une gaîté vive , des mêts choisis firent les honneurs du repas. Au dessert on voulut que je chantasse, je tremblai à cette proposition ; mais je me rassurai quand je vis que mon aimable Lucie consentait à m'accompagner de sa guittare. J'étais persuadé que les sons de son agréable instrument couvriraient assez les infle-

xions masculines de ma voix : je chantai donc :

> Dans cet asile d'innocence,
> Et loin d'un monde corrupteur,
> Je viens chercher le vrai bonheur
> Qui fuit le luxe et l'opulence.
> Oui, je renonce pour toujours
> Au voyage de Cithère ;
> Car je trouve ici les amours,
> Les graces et leur mère.

Le sujet était assez profane, mais
j'avais flatté mes auditeurs, et que ne
pardonne-t-on pas à cette considé-
ration ?

Je dus à leur complaisance les ap-
plaudissemens qu'ils me prodiguèrent.
Je fus embrassé à la ronde, et je
m'apperçus que madame la supérieure
y mettait un feu qui dès-lors me dé-

vînt suspect. Lucie s'approcha modes-
tement, et son baiser n'aurait qu'ef-
fleuré mes joues si je ne l'eusse préve-
nue en l'embrassant avec une vivacité
qui la fit rougir. Je crus voir au silence
de l'assemblée, qu'on ne savait que
penser de cet incident, mais mille et
une vraisemblances éloignaient le
soupçon. L'étonnement fit place à la
gaîté: dix heures étaient sonnées,
chaque religieuse était rentrée dans sa
cellule. Je souris en songeant que
j'allais profaner un lit consacré à l'innocence et à la chasteté. L'arrivée de
sœur Ursule me tira de ma réflexion,
et je fus obligé de lui sacrifier une
nuit que j'aurais si délicieusement
passée entre les bras de Lucie! ....
Je portais son image dans mon cœur,
et quand la pauvre Ursule s'efforçait

d'irriter mes sens, j'étais tout à Lucie ; jamais nuit ne me parut plus
longue... Ursule était trop exigeante
et j'étais trop froid, cependant je lui
devais de la reconnaissance, elle
m'avait fait connaître Lucie ; aussi je
m'efforçai de la lui exprimer : mais
elle était tellement avide des marques
de ma gratitude, que tout ce que je
pus faire ne lui fut pas plus utile que
ne l'est une goutte d'eau au voyageur
altéré qui cherche une source pour y
étancher sa soif brûlante.

J'accusai la lenteur de l'aurore, et
à peine parut-elle que la trop heureuse
Ursule s'échappa de mes bras pour aller éteindre, avec elle-même, des
desirs que je n'avais pu satisfaire.

Pendant quelques jours, même vie,
mêmes agaceries de la part d'Ursule,
même

même froideur de la mienne... Lucie seule avait mon cœur ; déja sa rivale commençait à murmurer, je résolus de ne pas lui donner le tems de se repentir de ce qu'elle avait fait, avant d'avoir exécuté mes projets.

Quelques avances m'avaient gagné l'amitié de ma nouvelle maîtresse ; dupe d'une fausse apparence elle me prodiguait sa confiance. J'appris qu'elle était fille d'un riche négociant qui sacrifiant ses inclinations et la voix de la nature à la fortune d'un fils qu'il chérissait exclusivement, avait forcé sa fille à végéter dans l'obscurité d'un cloître.

Sa bonté, son esprit me charmèrent, et mes empressemens, qu'elle ne pouvait apprécier, me valurent son cœur. Un soir, j'allai dans sa

D

cellule, je l'y trouvai pensive , ma présence la rappela à la joie, et nous fîmes mille innocentes folies. . . . . Cependant minuit venait de sonner... Comment rentrer , sans faire de bruit, dans ma cellule ? Si j'étais découvert, je fournissais un aliment à la calomnie... Lucie m'offrit en rougissant de partager son lit... O Dieux ! puis-je exprimer la joie que me causa cette proposition ? Je la dissimulai cependant , et ne lui semblai céder à cette demande que par pure complaisance. Je l'aidai à se déshabiller : en un instant, guimpe , voile, tout fut à bas; je me précipitai à ses côtés , yvre de desirs... , et l'amour ne laissa plus subsister d'autre lumière que celle de son flambeau. Timide encore, je n'osai lui découvrir..... , et cependant

ma main parcourait avec volupté ses
contours délicieux.... Mon embarras
était extrême : mes desirs étaient trop
violens pour s'arrêter à des prélimi-
naires... Je saisis vivement une de
ses mains qui tremblait dans la mienne,
et la portai sur le point difficile qui se
trouvait alors dans l'état le plus brillant.... Elle jette soudain un cri d'é-
tonnement : je lui répondis, en la
serrant dans mes bras: Lucie, m'é-
criai-je, Lucie, c'est moi, c'est votre
amant, l'amant qui vous adore ; mais
en vain ; elle veut fuir du lit..... Je
la retiens ; après de longs et nombreux efforts, je vis bientôt arriver le
moment où lasse de combattre , elle
se livra entière à son vainqueur, et
au milieu des plaintes de la douleur
et des exclamations du plaisir, elle

couronna le plus ardent amour. Oh! comment peindre cet instant de la plus pure volupté! Je serrai sur mon cœur Lucie palpitante de plaisir; je carressais de la bouche, des mains, de tout moi-même, les formes délicieuses où je puisais à chaque instant de nouveaux desirs et de nouvelles forces.... Livrée à mes caresses, délicieusement étendue sous moi, ma jeune amie, tremblante de volupté, se prêtait à toutes les attitudes; hélas ! qu'aurait-elle fait ? elle avait appris d'Agnès qu'en pareil cas, il fallait :

Souffrir en paix, soupirer et se taire.

Aussi j'étais enchanté de sa douce résignation ; nous avions déja fourni plus d'une course amoureuse, quand le sommeil s'appésantit sur nos paupières. Etroitement serrés l'un contre l'autre, nous goûtions dans cette charmante étreinte la douceur d'un paisible somme, en attendant le plus beau réveil; en effet, mes desirs m'éveillèrent, et mille baisers préludèrent au plus joli badinage. J'étais trop coupable pour n'être pas pardonné ; Lucie, en m'embrassant, me fit jurer de ne l'abandonner jamais, et à peine eus-je prononcé ce serment frivole, que je m'échappai assez adroitement pour ne pas faire naître le moindre soupçon.

Cette heureuse intelligence se soutint pendant quelques jours; mais tant de bonheur devait être borné dans sa durée... Lucie, toujours aimable et sensible, avait fixé mon inconstance naturelle , et j'achetais le silence de la jalouse Ursule par quelques légères complaisances. Mais il était réservé à la mère Agnès de troubler les plus beaux de mes jours : je m'étais apperçue qu'elle me fixait avec des yeux pleins de feu, et on lisait dans les miens que je ne rougissais pas facilement. Toutefois ma figure lui plut, j'étais un ange à ses yeux... Un ange ! ... J'avais appris que la respectable supérieure avait le talent de trouver avec ses pareilles des plaisirs si dangereux avec les hommes. Cette confidence éveilla mon inquiétude ; mais je m'apperçus bientôt qu'elle était en défaut , car un jour que Lucie m'avait empêché , sous différens prétextes, de partager son lit, je dormais paisiblement dans ma

cellule, je fus éveillé par le frotte-
ment d'une main sur ma figure ; je
me lève effrayé, et une voix de
femme s'efforçait de me calmer.....
Telle était mon illusion, que je me
persuadai que Lucie avait trompé
ses argus, et venait partager mes
plaisirs.... L'inconnue se glisse dans
mon lit, et je touche un corps de
femme qui me parut dans les meil-
leures dispositions... Ses mains com-
mençaient à me parcourir, et quand
elles arrivèrent à l'endroit fatal, j'entendis un cri d'étonnement que je ne
pus interpréter. J'usai de courage,
toutefois, et croyant serrer dans mes
bras mon aimable Lucie, je donnai à
l'inconnu toutes les marques de ma
vigueur, et je fus charmé de sa complaisante docilité..... Quelques mots

entrecoupés et nés du plaisir ne purent détruire mon illusion ; il fallut qu'un faible rayon de jour me découvrît le visage de ma nouvelle conquête ; je vis avec effroi mon erreur, et je m'échappai dextrement des bras de la vieille mère Agnès qui sommeillait encore, pour quitter à jamais le théâtre de mes bonnes fortunes, mais qui pouvait peut-être devenir mon tombeau... Je sortis précipitamment de ma cellule, et je courus à demi-habillé, et non sans avoir failli vingt fois me rompre la tête, ou éveiller mes compagnes, jusqu'à celle de la supérieure ; elle n'était heureusement pas fermée, et je m'enfuis avec le trousseau de clefs que je trouvai sous son chevet. Le faible rayon de jour qui m'éclairait n'avait pas encore dis-

sipé la profonde obscurité de la nuit,
et je me conduisais à tâtons dans un
labyrinthe de corridors et d'escaliers
dont je ne devinais pas la fin.... Je
parvins avec peine jusqu'à la porte,.
et j'avais en vain essayé presque toutes
les clefs, quand la tourrière éveillée
par le bruit que j'avais fait, cria vivement.... Éperdu, je cours de tous
côtés pour me soustraire aux regards
du geolier femelle : d'un coup de
pied j'enfonce la porte d'une cave
profonde et sinueuse.... Un large soupirail s'offrit à mes yeux, j'apperçus,
au travers, les arbres du jardin, et je
compris que je pouvais aisément
échapper en franchissant le mur. Je
montai en effet par le soupirail, non
sans les plus grandes difficultés, et je
parcourus un jardin immense dont

j'escaladai les murs. Il était quatre heures du matin, la rue était déserte, et en fuyant, j'entendais dans le lointain, un bruit de voix confuses qui me parut venir du couvent, et sans doute occasionné par les cris de la tourrière. Je redoublai de vîtesse, au hasard d'être arrêté par le guet, et je me réfugiai chez un ami qui me reconnut difficilement sous mon grotesque habit ; il me procura les moyens de retourner avec sûreté dans la maison de M. N···. Mon absence ne lui fut point suspecte ; j'avais acquis l'art de mentir avec impudence, et mon parent fut dupe de mon effronterie. Je me défiai toutefois de ses carresses, elles cachaient un trait dangereux, et j'étais sur mes gardes. L'image de Lucie, de Lucie abandonnée à elle-même, à toute la vengeance de la supérieure (j'avais eu l'indiscrétion de prononcer son nom dans l'instant du plaisir), me poursuivit long-tems ; je cherchais en vain, dans moi-même, un secours contre moi-même ; j'étais comme un voyageur qui succombe à la fatigue, et ne peut reposer ses membres épuisés. Ma dissipation ordinaire fit trêve à ces chagrinantes réflexions, et Lucie, Lucie que j'avais juré d'aimer toujours, fut sacrifiée à une multitude de rivales dont la plupart était aussi indigne de moi, qu'elles étaient indignes d'elle.

Un matin, épuisé par une bonne fortune de la veille, et endormi par le souvenir d'une leçon narcotique de mon maître de théologie, je reposais tranquillement : M. N*** entra subi-

tement dans ma chambre, et en ferma
la porte ; je fus épouvanté de ce pré-
liminaire. Ses yeux brillans comme
l'éclair, confirmaient mes craintes.
Sans attendre que je lui eusse de-
mandé le motif de cette précaution,
il s'assied près de mon lit, et me lance
un regard de lascivité qui m'aurait
enchanté dans une femme. Zéphirin,
me dit-il, vous savez ce que j'ai fait
pour vous, et tous les droits que j'ai à
votre reconnaissance, je n'en exige
qu'une preuve... Et sa main me pour-
suivait jusques dans mes endroits les
plus secrets. Je la repoussai doucement en lui protestant de ma tendresse
et de mon obéissance ; mais ce n'était
pas des promesses qu'il exigeait. Je
me défendis long - tems de ses crimi-
nels attouchemens ; il était fort encore

coré, et je résistai avec peine à ses argumens pressans ; las de combattre en vain, il me quitta furieux, en jurant qu'il se vengerait de mes refus. Je prévins ses menaces, et je quittai pour jamais cette nouvelle Sodôme. Cependant j'étais sans ressource, l'idée de ma situation était accablante, il me reste des amis, me disais-je, des amis ! et quels amis ? . . . Ils avaient partagé mes plaisirs, mais ils né m'aimaient pas assez pour sacrifier un de leurs luxurieux besoins au soulagement de mon infortune. Ils me fuiront comme le malheureux qui porte dans son sein le poison pestilenciel. J'en trouvai un cependant, il était jeune, sensible et m'aimait pour moi-même. Quelques talens, d'heureuses dispositions l'avaient jetté dans

E

la carrière dramatique, et son début y avait été marqué par un succès. C'est lui qui m'inspira le desir, peut-être insensé, de me hasarder sur la scène.... Mais il m'avait ouvert sa bourse et son cœur ; je lui étais à charge sans doute, et il me tardait de me suffire à moi-même. Il me présenta au théâtre de la nation, et j'y fus reçu à débuter sur sa recommandation. Il y avait sans doute témérité à vouloir s'essayer sur un théâtre illustre par une multitude de talens ; et près de Molé, de Fleury, le contraste m'eût été trop désavantageux. Ce fut à cette heureuse émulation que je dus mes premiers succès. Je débutai donc, c'était dans le Tartuffe ; je jouais le rôle de Valère, et Fleury, le charmant Fleury, faisait M. Tartuffe. Je suis naturellement hardi ; mon organe est sonore et distinct ; mes gestes sont animés, mais à toutes ces qualités, j'en joignais une plus recommandable encore, j'avais dix-neuf ans, une taille svelte, et la plus jolie figure du monde ; on pressent bien que cette recommandation, toute puissante auprès des femmes, assura mon succès. Je fus applaudi, encouragé, et je ne reparus sur la scène que pour y recueillir les marques de la bienveillance du spectateur. Je me plaisais dans l'idée que j'avais l'estime du public, et je m'efforçais d'y acquérir de nouveaux droits. La coulisse est un vaste champ où s'escriment les petites haines, les petites intrigues. Né entreprenant et persuasif, je devais y faire des conquêtes. Ah !

que de pleurs elles m'ont coûté!...
O vous, dont les graces et la beauté
charment les yeux et le cœur! .....
qui tous les jours faites des heureux
et des infidèles! . . . . . Vous, belle
comme Venus, sirêne enchanteresse
que de regrets vous m'avez cau-
sés! .... Engageante à la fois et perfide, je vous croyais sincère parce
que vous étiez jolie, et j'oubliais
que l'inconstance est le partage de la
beauté! .... Mais ne craignez point
que je vous fasse des reproches, je
n'étais pas un Ulysse, et un seul de
vos regards enchantait mon ame....
Ah! pourquoi cet œil divin, qui semblait appeler la volupté; cette taille
divine, ces contours délicieux, où
l'on aimait à s'égarer; pourquoi n'é-
taient-ils qu'un appas trompeur?...

Je fus heureux pendant quelques jours, oui, heureux; mon illusion n'était pas détruite alors.... Cruelle! pourquoi m'avez-vous détrompé?... Toutefois on m'arracha des bras de Vénus pour me plonger dans ceux du dieu d'Epidaure..... Ce fut le premier tribut que je payai à la médecine, et je me promis bien de n'avoir plus besoin d'elle.

Vous aussi, vous qui jouez moins le sentiment, et le sentez un peu davantage; vous jolie plus encore que belle, plus inconstante que le zéphire qui vous a donné son nom, vous m'avez aimé aussi; mais vos faveurs furent des roses sans épines, et j'ai long-tems parcouru avec vous les routes secrettes de la volupté sans y faire de rencontre fâcheuse; tous deux nous étions nés pour voltiger... L'inconstance avait formé nos nœuds, et l'inconstance les a brisés... Vous courûtes à de nouveaux plaisirs, et j'allai chercher de nouveaux amours.

Mes succès, et plus encore ma réputation galante, étendirent fort loin le cercle de mes bonnes fortunes. Je prodiguai mes faveurs à la duchesse, à la marquise et à la grisette. Un soir, au sortir d'une représentation du légataire, où j'avais joué avec succès, je fus accosté par un inconnu qui me remit un billet, en me recommandant l'exactitude. Surpris de ce mystère, je l'ouvre et je lis :

« Une personne qui vous aime, et
» veut vous le prouver, vous attendra
» demain, à dix heures du soir, à
» l'hôtel M....., Vous vous laisserez

» conduire par la personne chargée
» de vous introduire..... On exige
» de vous le secret le plus rigoureux,
» c'est le prix qu'on mét aux faveurs
» qu'on vous accordera ».

Le mystère que je découvris dans cette lettre, me fit bien augurer de la rencontre. Je fus exact au rendez-vous, et l'officieuse confidente me conduisit à travers plusieurs apparte-mens richement décorés, dans un boudoir délicieux, où l'art s'était sur-passé..... Une lumière mourante éclairait ce lieu charmant,..... A peine y fus-je entré que la soubrette m'enferma, ce début m'effraya d'a-bord, mais je fus rassuré en apper-cevant une femme voluptueusement étendue sur un lit de repos,..... Un mouvement subit m'entraîna vers

elle , et , après le plus délicieux prélude , nous nous oubliâmes plusieurs
fois dans les bras du plaisir..... Elle
m'apprit qu'elle s'était éprise de moi
en me voyant sur la scène et qu'elle
n'avait pu résister au desir de me
connaître....., Je lui sus gré de sa
confidence , et je la lui payai le plus
expressivement possible. On nous
servit un souper délicieux...... ét
l'amour nous procura une nuit charmante..... Je la quittai au point du
jour , fort satisfaite de moi , et après
m'avoir fait promettre de revenir le
lendemain..... Je m'étais trop bien
trouvé de cette première aventure
pour ne pas pousser le roman jusqu'au
bout. Notre heureuse intelligence se
soutint sans trouble , et j'appris que
ma nouvelle conquête était la belle

comtesse de....., que sa beauté et son esprit avaient fait rechercher de tous les adorables de la cour..... Cette bonne fortune flatta ma vanité, et mon aimable comtesse ne s'en trouva que mieux..... Je me sentais trop heureux, cependant, pour avoir pu fixer pour toujours la volage fortune. La comtesse avait un mari jaloux, un de ces maris originaux qui s'avisent d'exiger de la fidélité dans leurs femmes, et les punissent pour avoir osé contenter, avec un autre, des desirs qu'ils ne peuvent satisfaire. Il avait long-tems épié nos démarches, et malgré notre circonspection, il avait surpris plus d'une fois les yeux de sa femme attachés sur les miens....., Cette découverte le confirma dans ses soupçons, et dès lors il résolut de se

venger de ce que j'avais été plus aimable que lui ; il gagna le portier,
ses domestiques et même l'officieuse
entremetteuse de nos plaisirs.....
Un soir, en accourant au rendez-
vous que m'avait accordé mon aimable maîtresse , je fus assailli par dix
coquins qui m'enveloppèrent la bouche et les yeux , et m'entraînèrent
vivement. Je voulus me défendre,
mais ils m'arrachèrent mon épée. Mes
yeux ne se r'ouvrirent à la lumière
que pour me voir plongé dans un
cachot obscur que je présumai être
un des caveaux de l'hôtel..... Je fus
atterré par l'idée de ma situation,
heureux pourtant de n'avoir pas joué
jusqu'au bout le rôle d'Abeillard....
On me donna, pour nourriture un
morceau de pain noir et un vase d'eau

fétide ; je ne voyais autour de moi que des objets funèbres ; une lampe sépulcrale éclairait ce lieu d'horreur. J'écoutais quelquefois avec attention, il me semblait entendre des voix humaines, mais c'était le triste murmure de l'écho solitaire ; j'étais seul , seul avec moi-même..... Je compris aisément que ce coup partait de la main du comte...... Il était puissant , et il pouvait me laisser mourir dans ce séjour affreux , cette idée m'accablait ; toutefois un rayon de consolation pénétrait encore dans mon cœur, j'étais comme un malheureux échappé du naufrage et que les flots repoussent du rivage tutélaire qu'il apperçoit dans le lointain... Deux jours s'étaient écoulés...... mes provisions étaient presqu'épuisées et

personne ne venait..... Au milieu
de mes allarmes, un sommeil bien-
faisant s'était appesanti sur ma pau-
pierre..... Je me réveillai bercé par
un songe flatteur, et quand mon œil
s'ouvrait à la lumière, mon cœur
s'ouvrait à l'espérance..... J'em-
brassai cette chimère enchanteresse,
et je me sentis soulagé.

O ! charme de l'harmonie, douce
et efficace consolation !.... tu arra-
chas mon cœur à la dure réflexion et
au désespoir plus cruel encore.....
Ainsi le malheureux exilé sur une
terre déserte, ou plongé dans une
obscure prison, emprunte l'accent
plaintif de la romance, et la douce
espérance s'insinue dans son ame...
Je chantai, et l'écho de ce triste lieu,
répéta mes sons langoureux :

Dans

Dans cet azile de douleur
Verrai-je couler, dans les larmes,
Des jours destinés au bonheur,
Et dont l'amour faisait les charmes ?
Las ! ses plaisirs m'étaient offerts !
Mais mon espérance est trahie ;
Je croyais trouver mon amie ,
Et je ne trouve que des fers.

Objet d'un malheureux amour ,
Qui dans ce moment , en silence ,
Peut-être accuse mon retour ,
Ah ! calmes , calmes ta souffrance ;
En vain, un tyran en fureur
Veut m'arracher à ta tendresse ,
Mais je dois espérer sans cesse ,
Puisque j'existe dans ton cœur.

Je chantais encore quand j'entendis
ouvrir doucement la porte de ma prison, la lampe ne jettait plus qu'une

lueur incertaine..... J'apperçus des habits de femme..... Eperdu , je me précipitai et je serrai dans mes bras ma belle comtesse ; elle me regarda tendrement et me pressa de sortir de ce lieu..... Je lui obéis et je m'échappai en fuyant , pour qu'on ne m'apperçût pas avec elle.

J'ai su depuis qu'elle était parvenue à gagner le domestique chargé de me nourrir et que celui-ci lui avait livré ses clefs. Ce dernier trait me la rendit plus intéressante , mais mon amour était éteint... J'aimais les victoires faciles , et je n'étais pas homme à m'exposer de nouveau à la fureur du nouveau Fulbert pour sauver mon Héloïse. Mon absence avait inquiété mes amis , je leur racontai mon aventure et elle ajouta un nouveau lustre à ma réputation.

Mon ambition, cependant n'était pas satisfaite. Le succès récent de diverses piéces, avait piqué mon émulation, je voulus parcourir les sentiers escarpés de la littérature et acquérir un nouveau droit à l'estime. Quelques goûts, de la facilité, et d'heureuses dispositions suffirent pour féconder ma verve. J'enfantai tour-à-tour plusieurs opuscules que j'ayais la modestie de trouver charmans et que le public par fois avait la cruauté de trouver mauvais. O ! de combien de dégoûts on abreuve le malheureux auteur qui veut s'essayer sur un théâtre subalterne !..... Il semble que les tyranneaux ignares qu'il rend juges de son ouvrage veuillent le punir de leur nullité ; justice, talent, goût, dispositions, tout leur est étranger, et ils n'agissent que par un instinct de stupidité au-dessous de tout raisonne- ment. Des promesses sans exécution ; mille et un retards spécieux ; des pro- cédés d'une ingratitude révoltante fa- tiguèrent ma patience, et je résolus de ne plus hazarder d'ouvrages que sur un grand théâtre dont les directeurs sont toujours plus aptes à sentir et à apprécier. J'étais acteur au théâtre de la nation , j'y devins auteur, et le public m'y donna une seconde preuve de sa bienveillance. Ce nouveau succès m'encouragea et je travaillai à la mé- riter de plus en plus. Un jour, en tra- versant en fiacre le pont neuf, j'ap- perçus la sœur Ursule ; elle jette en me voyant un cri d'étonnement qui fit place à une rougeur subite. Je la fis monter dans la voiture et j'appris d'elle tout ce qui s'était passé au couvent après mon évasion.

O ! de quels souvenirs elle déchira mon ame : Lucie que mes exclamations avaient trahie ; Lucie que je devais aimer toujours ; Lucie que j'avais inhumainement abandonnée, victime de mon imprudence était tombée dans la disgrace de la vindicative supérieure , et cette dernière l'avait confinée dans sa chambre, pour y expier , dans l'ennui de la solitude, un crime bien pardonnable sans doute ; mais, ce qui éveilla mes remords , ce qui déchira mon cœur et me peignit à moi-même sous les plus noires couleurs, ce fut la confidence que me fit Ursule de l'état de

ma chère Lucie.... Je lui avais
trop donné de preuves de ma tendresse et de mon courage pour qu'il
n'en résultât pas des suites fâcheuses:
l'infortunée portait dans son sein le
fruit de sa faiblesse.... A cette nouvelle, je demeurai stupéfait, semblable au berger qui voit tomber le
tonnerre à ses pieds, et son chien
étendu mort frappé par la foudre. Je
m'armai en vain de tous les faux rai-
sonnemens d'usage, je ne pus vain-
cre le desir que j'avais de réparer
mes torts. Je tâchai donc d'intéresser
Ursule à ma situation. Cette fille
était naturellement obligeante, mais
il s'agissait de me procurer les
moyens de voir sa rivale, une rivale
à qui je l'avais sacrifiée, peu de femmes entendent raison sur l'article

aussi je m'apperçus bien du peu d'empressement qu'elle me témoigna.
Toutefois je ne désespérai pas de l'a-
mener à seconder mes projets.....
Et après avoir employé prières, sol-
licitations, menaces même, j'usai
d'un moyen plus efficace.... Je me
hasardai d'acheter sa complaisance
par quelques faveurs d'accessoire
qui tournèrent tout-à-fait la tête à la
pauvre Ursule, et la déterminèrent
à servir sa rivale. La voiture devint
le champ de bataille où s'escrima la
la voluptueuse nonnette : je lui livrai,
pour quelques instans, un cœur rempli de l'image de Lucie, et elle par-
vint à se faire illusion sur mes sentimens.... Ursule était déja sur le retour, ma conquête l'avait flattée,
quelques faveurs me l'attachèrent

Je lui prostituai ma personne, et la bonne récluse me dévorait de ses carresses. Jamais femme n'eut plus de volubilité dans ses mouvemens, plus d'élasticité, plus de feu dans ses attouchemens.... Malheureusement mes carresses étaient intéressées, et Ursule seule courait à Cythère, tandis que le cocher, un peu pris de vin, prenait un chemin tout opposé, en accompagnant, par de nombreux coups de fouet, une espèce de romance fort gaie de Chaulien-Fardeau. On pense bien que l'exécution du morceau répondait parfaitement à son petit mérite. Nous arrivâmes chez moi, et rempli du dessein de ravir Lucie à ses persécuteurs, je lui écrivis une lettre dont l'obligeante Ursule se chargea, non sans plus d'une difficulté.... J'étais plus tranquille, et ma conscience se trouvait furieusement débarrassée.... Cependant j'errais dans mille résolutions : tantôt j'étais tenté de m'introduire encore furtivement, et sous les habits du sexe, dans la prison de Lucie et de l'en arracher, mais j'y étais connu, et la mère Agnès devait se ressouvenir plus que personne de quel sexe je suis. Tantôt je voulais m'aider d'une troupe d'amis pour escalader les murs bénis. Mais tous ces vains projets étaient vaincus par une fâcheuse réflexion, et le sentiment de leur impossibilité.... Que faire donc? Quel espoir devais-je avoir dans la sœur Ursule? Elle s'était prêtée assez difficilement à une première démarche; serait-elle assez complaisante pour se

prêter à une seconde? J'avais écrit à
Lucie : ma lettre respirait le repentir le plus sincère et le desir de réparer mes torts ; peut-être était-il encore
un moyen de la soustraire à la vengeance cruelle de la supérieure.....
Tour à tour combattu par ces réflexions
je m'acheminai, sans y songer, vers
le couvent, et je fus surpris, en sortant de ma rêverie, de me trouver
non loin des croisées de mon amie...
J'y restai pendant quelque tems, es-
pérant l'y voir, mais la nuit s'avançait, la rue, peu fréquentée d'ordinaire, était déja déserte, et j'allais
retourner chez moi, triste et mélan-
colique. Un bruit lointain me fit tour-
ner la tête... Quelqu'un lève la jalousie , et ce quelqu'un, c'était ma Lucie;
elle me reconnut à mon empresse-

ment et au signe expressif que je lui fis.... Un papier était dans ses mains, bientôt je le vis sur son cœur, et son geste fut accompagné d'un baiser que le vent ne porta pas jusqu'à moi.... J'étais ivre de plaisir, et plein d'une espérance inquiète... A sa démarche je m'apperçus qu'elle avait un dessein... Elle tira un crayon, et écrivit quelques lignes que je brûlais de lire. Mais elle semblait embarrassée de me les faire parvenir : l'amour lui suggéra un moyen... Un caillou fut arraché avec peine du mur de la chambre, et y ayant attaché son charmant billet, elle le jetta d'une main tremblante.... La pierre tomba à mes pieds : je la ramassai vivement, et j'y lus ces mots charmans qui resteront à jamais gravés dans mon cœur :

« Cruel et sans doute infidèle ami,
» je laisse à votre cœur à vous repro-
» cher votre abandon.... Malgré
» moi, je t'aime encore, je t'aimerai
» toujours... Cherche, mon ami,
» invente, trouve le moyen de m'ar-
» racher à mes bourreaux... Si Lu-
» cie t'est chère encore, trop aimable
» Zéphirin, tu sais quel prix elle at-
» taché à ton secours... Je t'embrasse
» tendrement..., bien tendrement.»

Mes yeux étaient restés attachés sur ces lignes charmantes, je les dé-tournai pour couvrir de baisers sa jolie épître. A un geste de surprise, je m'apperçus qu'il entrait quelqu'un dans sa chambre, et je m'esquivai assez adroitement pour qu'on ne pût m'appercevoir. La lettre de mon aimable amie était sur mon cœur. Je rentrai

rentrai chez moi, l'imagination rem-
plie des plus agréables chimères....
Je soupai gaîment, et je dormis au
milieu des plus jolis songes. Il me
sembla voir Lucie, belle comme
Venus, couchée sur des fleurs, et
entourée d'une troupe de nymphes
obéissantes, m'ouvrir ses bras, asile
de la volupté, et se plonger avec moi
dans l'abîme du plaisir. O songe!
songe flatteur! pourquoi fut-il inter-
rompu?.... En me réveillant, j'avais
encore l'esprit plein de ces douces
idées, et à un signe peu équivoque,
je m'apperçus aisément que j'avais
rêvé de Lucie.

Toute ma journée fut employée à
des préparatifs dont je connaissais
bien l'inutilité; mais il m'était si doux
de m'occuper de mon amie!... Une

heure avant la nuit, je m'acheminai
vers sa prison; elle m'attendait......
Je démêlai dans ses traits un air de
satisfaction dont je fus enchanté....
Il me tardait de l'arracher du couvent; mais j'avais mille projets....
Je m'arrêtai à celui dont l'exécution
présentait le moins de difficultés....
Toutefois, il fallait l'avertir.... Un
espace du jardin me séparait d'elle,
et je ne pouvais en franchir les murs
de jour. J'usai du moyen qu'elle
avait déja employé, et après avoir
crayonné ces mots :

« Courage, prudence, amour...
» amour pour la vie... Demain, à
» minuit, je viendrai rompre tes fers..
» L'amour, enveloppé dans l'ombre,
» marche plus sûrement.... Ecarte
» tous les surveillans, et sois prête à

» me suivre.... Pour éloigner d'au-
» tant plus le soupçon, tu chanteras
» cette romance que tu aimais tant,
» en accompagnant ta jolie voix des
» doux sons de ta guittare. Tout à
» toi.... Tout à ma Lucie. »

Je fis un signe qu'elle comprit facilement, et lançai, d'une main assurée,
le caillou auquel j'avais attaché mon
billet. La pierre suivit la direction que
je lui avais donnée, pénétra jusques
dans la cellule, et au bruit que j'entendis, je compris qu'elle y avait fait
fraction. Lucie parut à sa croisée, et
le geste d'approbation qu'elle fit,
enhardit mon courage.... La nuit
cependant s'avançait, à peine pouvais - je distinguer les objets à la
faible lueur du crépuscule..... »
Je me retirai, pour méditer les

moyens de m'acquitter de ma pro-
messe.

Le lendemain je fis tous mes préparatifs ; je m'armai d'une paire de
pistolets, d'un sabre, et je me munis
d'une échelle de corde. Un officieux
ami voulut bien être le Pylade d'un
nouvel Oreste, et onze heures ve-
naient de sonner quand nous nous
acheminâmes vers le couvent.

Le jour avait été nébuleux.... L'air
était opaque et chargé de brumes ;
aussi l'obscurité était telle que la lueur
douteuse des réverbères ne pouvait la
dissiper... J'avais une lanterne sourde.
Je tirai ma montre, et minuit appro-
chait.... Il fut convenu que mon ami
ferait sentinelle et qu'il avertirait au
moindre danger... Mais Lucie n'était
pas dans sa chambre... je n'y voyais

point de lumière.... et je mo irrais de crainte.... Quel mortel assez maître de lui-même peut être au-dessus d'un sentiment d'impatience? l'amour a des sensations plus vives. J'écoutais attentivement la chûte d'une feuille, un oiseau qui voltigeait sous les rameaux.... et jusqu'au vaste silence qui nous enveloppait , fixaient tour à tour mon espérance et mes craintes... je commençais à craindre qu'elle n'eût oublié l'heure du rendez-vous quand un prélude de guittare me fit frissonner de plaisir ; je redoublai d'attention.... , et la plus jolie voix du monde fit entendre ces paroles :

Tout dort, Phébé seule étincelle ;
Sous le feuillage des buissons
L'oiseau timide de son aîle ,
Couvre ses faibles nourrissons ;

G 3

Et quand la diligente aurore
Vient ouvrir les portes du jour,
L'écho plaintif répète encore
Mes chansons d'amour.

Ivre d'espérance et d'amour, j'attachai mon échelle au mur du jardin, et aidé de mon Pilade, je l'escaladai facilement ; je sautai dans une espèce de charmille ; mes pieds étaient embarrassés dans d'épaisses broussailles, et un large puits était à deux pas de moi : l'amour m'aveugla sur le danger que j'avais couru ; je volai à la croisée, elle n'était pas élevée, et Lucie, qui était aux aguêts, l'ouvrit doucement ; je lui jettai les crochets de mon échelle, et après avoir éteint sa lumière, elle descendit sans bruit : déja elle était dans mes bras ; insensé!

je lui prodiguais mille caresses , et je
dormais sur le précipice... Le bruit
des feuilles..... mortes que j'avais
foulées , éveilla un dogue énorme
commis à la sûreté de la maison ; ses
aboiemens m'effrayèrent... je m'enfuis , portant dans mes bras ce que
j'avais de plus cher au monde,.....
En un instant je fus au pied du mur...
mais le dogue impitoyable m'y avait
suivi..... Transporté de rage,....
je déposai sur la verdure mon amante
évanouie , et je me défendis avec
mon sabre des atteintes de l'animal
furieux..... je lui détachai sur la
tête un coup tellement appliqué, qu'il
alla tomber à deux pas de moi, baigné
dans son sang , en poussant des cris
plaintifs..... Je me hâtai d'escalader
le mur fatal ; je pris Lucie dans mes

bras...... je fixai mon échelle ; quelques voix lointaines redoublèrent mon effroi ; j'entendis un coup de feu... la balle vint se briser contre la pierre sur laquelle j'étais appuyé pour me donner l'essor : je reculai épouvanté ; mais l'idée du péril enhardit mon courage ; en un instant j'eus franchi le jardin , et mon ami reçut dans ses bras Lucie pâle et défaillante. Nous nous empressâmes de la conduire au bout de la rue ; une voiture nous y attendait ; nous l'y plaçâmes , et quelques eaux spiritueuses que nous lui fîmes respirer , la rappelèrent à elle. Le cocher qui était instruit nous mena chez moi , et le reste de la nuit s'écoula dans les plus tendres épanchemens de l'amour et de l'amitié..... Cette aventure

parut avoir été tenue secrette ; la supérieure craignait sans doute que les
aveux de Lucie ne la compromissent :
toutefois cette dernière lui pardonnait
facilement. J'étais avec elle ; je n'aimais qu'elle, et il ne lui restait d'autre
sentiment que celui de notre bonheur.
Elle était enceinte ; l'espoir d'être père
ravit mon ame ; et pour couvrir d'un
voile la faute de ma Lucie, et légi-
timer le fruit de nos amours, je me
hâtai de la conduire à l'autel , et nous
nous y jurâmes un amour éternel....
Sa famille avait un rang dans le
monde ; son père était riche ; mais
son père avait eu la barbarie de la
repousser de son sein ; et depuis deux
ans qu'elle gémissait dans un cloître ,
elle ne l'avait pas vu...... Je pris

d'exactes informations ; j'appris que ce père dénaturé était mort et avait laissé à son fils exclusivement chéri une fortune considérable , dont celui-ci se servait pour entretenir le déréglement de ses passions. L'aurore de la révolution avait éclairé bien des abus : j'en profitai ; et muni du titre d'époux de Lucie , je citai devant le magistrat son insensible frère. On me rapporta que l'huissier chargé de la signification avait été assez grossièrement reçu par le comte de..... qui était loin de s'attendre què sa sœur ressusciterait au monde pour venir lui disputer un héritage si illégitimement acquis...... Qu'on juge de mon étonnement en entendant nommer le comte de,.... precisément celui qui m'avait si cruellement puni d'avoir captivé le cœur de sa femme. Ce motif fut un nouveau stimulant à mes poursuites..... L'affaire fut plaidée : les juges la comprirent aisément, et le comte fut forcé de restituer ce qu'il avait usurpé.

On ne pouvait pas piquer davantage son orgueil, puisque la fortune qu'il s'était appropriée lui servait à entretenir la qualité de comte qu'il avait prise en sortant des bureaux de son père..... Cette affaire me procura l'occasion de le voir plusieurs fois ; il me reconnut aisément, et sa rage s'en accrut prodigieusement ; toutefois je sus mépriser ses mépris et sa sotte vanité : mon orgueilleux beau-frère se vit obligé de rendre à sa sœur ce dont son insensible père l'avait si cruellement privée..... j'ai su depuis qu'il avait péri dans un duel qu'il avait injustement suscité : Lucie était bonne, elle donna des larmes à sa mémoire, et elle se vengea de la sorte de ses dédains obstinés..... Sa veuve douée du plus voluptueux tempérament courut longtems les aventures..... mais ses ans et le grand usage altérèrent ses charmes, et elle prit le parti ordinaire, de donner à Dieu ce qu'elle ne pouvait plus offrir aux hommes, et pleura dans l'hypocrisie trente ans d'amour et de plaisir.

J'étais heureux avec Lucie..... je lui rendais en amour ce qu'elle avait fait pour ma fortune, et nous nous tenions pour acquittés réciproque-

ment

ment. J'avais loué un petit hôtel non éloigné des barrières, et souvent nous allions promener dans la campagne nos agréables rêveries , et nous entretenir de notre amour..... Un soir nous revenions en voiture. Nous crions au cocher d'arrêter ; je me précipite à la portière , et je serre dans mes bras mon père , non pas le père Timothée, mais mon père Antonin ; nous l'accablâmes de caresses , et il prit place dans notre voiture. Après avoir satisfait aux premiers épanchemens , il me reprocha sévèrement ce qu'il appelait mon inconduite. Je me doutai qu'il avait été trompé par son perfide parent , et je le priai de suspendre son jugement jusqu'à ce que je puisse lui prouver la noirceur de l'accusation : il s'en rapporta volontiers à mes

H

protestations , et nous arrivâmes gai-
ment dans mon hôtel. J'avais eu le
tems de l'instruire de ma fortune , de
mon mariage et des particularités qui
y étaient attachées. Il fut surpris et
charmé du luxe de mes appartemens ;
le bon père ne pouvait se lasser d'ad-
mirer ce que la fortune avait fait
pour son fils.

J'appris , non sans quelque peine ,
que le père Timothée était mort d'une
indigestion ; ma mère avait eu beaucoup de peine à s'en consoler.

Libre de toute inquiétude , j'étais
heureux , heureux ! si l'homme peut
l'être véritablement , si le bonheur
n'est pas un vain rêve né de l'imagination , et qu'un réveil fait disparaître ,
tel qu'un léger brouillard que dissipe
le soleil du matin. J'avais quitté le

théâtre et brisé ma lyre…… Il m'en souvient, ce fut ainsi que je fis mes derniers adieux aux muses, en m'adressant à celle qui m'avait contraint à leur être infidèle :

D'une syrène perfide
J'ai suivi longtems la loi ;
La raison enfin me guide,
Elle me ramène à toi :
Des neuf filles de mémoire
L'attrait est souvent trompeur :
Je divorce avec la gloire
Pour épouser le bonheur.

Ce dernier effort d'une muse expirante me valut mille baisers de mon amie Lucie, et je me crus suffisamment récompensé.

Lucie m'avait rendu père, et ce

titre précieux me la rendit double-
ment chère... cependant j'éprouvai
que l'amour passionné n'est pas exempt
d'allarmes ; la jalousie semble être
son essence..... Parmi la société
aimable que je rassemblais souvent
chez moi , j'avais remarqué un jeune
homme beau , bien fait et d'une gaîté
charmante ; je ne sais quel pressen-
timent me le fit croire dangereux.....
hélas ! trop heureux s'il ne s'était pas
réalisé.

Lucie devint de jour en jour moins
enjouée ; je ne savais à quoi attribuer
ce changement d'humeur , et je me
perdais dans mes conjectures.....
En me rappelant certaines circons-
tances que j'avais peu remarquées ,
je crus avoir rencontré une probabi-

lité ; et dès-lors je soupçonnai son infidélité ; le soir même je m'apperçus du trouble de Derci (c'est le nom du jeune homme), et des coups-d'œil expressifs que celui-ci lui lançait : j'étais hors de moi-même et sur le point d'éclater ; je me contins cependant , et je résolus de chercher l'occasion d'éclaircir mon doute cruel.... fatale curiosité qui arrache le cœur à l'espérance pour le livrer à une affligeante certitude ! Le lendemain je prétextai un voyage à la campagne ; l'empressement de Lucie à appuyer ce projet me la rendit plus suspecte que jamais..... je partis donc, mais je revins bientôt pour m'insinuer dextrement dans un cabinet qui tenait au grand salon , et d'où l'on pouvait entendre tout ce qui s'y disait..... la

porte était vitrée , et je n'apperçus
pas sans émotion ma femme occupée
à lire avec une espèce d'intérêt une
lettre que venait de lui remettre sa
femme - de - chambre..... Ce billet
fatal..... qui l'avait écrit ? Cruelle
anxiété..... J'écoutai plus attentivement..... et je ne pus plus douter
de mon malheur..... — Eh bien,
Marton, c'est Derci, c'est mon amant;
le pauvre jeune homme, comme il
m'aime...... et je serais insensible ?
oh non. Mais Zéphirin... — Chassez
ce vain scrupule , madame, vous
seriez la première femme dont le
devoir étoufferait l'amour. Votre mari
vous aimait quand il vous a épousée,
vous l'aimiez aussi ; mais la tendresse
s'use, et le plaisir n'est piquant qu'au-
tant qu'il est varié ; d'ailleurs votre

époux vous doit trop pour vous tenir dans une humiliante servitude ; vous avez assuré sa fortune, il me semble que c'est assez reconnaître ses soins et son attachement. — J'étouffais de rage...., et je ne pus retenir cette exclamation : Impertinente soubrette! Elle donna lieu à un débat assez vif entre la maîtresse et la femme de chambre, qui m'aurait amusé dans tout autre moment : la jalousie me déchirait , un instant encore j'allais éclater....

Après un moment de silence , Lucie alla vers mon secrétaire en disant : Allons, puisque tout semble favoriser ses desirs , puisque moi-même je n'ose lui refuser ce qu'il a si bien mérité, il faut lui répondre... A ces mots , entrouvrant doucement la porte, je saisis sa lettre que je trouvai sur une chiffonière à portée de moi.... Je rentrai sans être vu, et je lus, transporté de fureur, ces lignes fatales....

« O trop heureux Derci, puisqu'il
» a pu vous plaire et mériter votre
» cœur! Nous nous aimons, dès long-
» tems mes yeux vous l'ont appris,
» et j'avais lu dans les vôtres que je
» ne vous étais pas indifférent; mais
» l'amour ne vit pas d'espérance...
» Il est d'autres faveurs que mon
» cœur ambitionne, et que vous ne
» refuserez pas au plus tendre des
» amans .....; profitez de l'absence
» de votre jaloux importun (je relus :
oui, *il y a bien cela*), et couronnez
» les vœux du tendre et amoureux
» Dercy..... »

Perfide, m'écriai-je, perfide ! et je demeurai accablé comme un homme qui succombe à la plus vive douleur. Quelques paroles, en frappant mon oreille, me tirèrent de ma morne stupéfaction...; je prêtai attention, et j'entendis ma femme charger sa suivante de la réponse à la lettre fatale; je sortis transporté de fureur pour attendre, au bas de l'escalier, la messagère de la plus noire trahison; à ma vue, Marton se trouble : je ne lui donnai pas le tems de remonter, et je lui criai d'une voix terrible: « Malheureuse, je connais ta trame infernale et la perfidie de mon indigne épouse, donne-moi le billet qu'on t'a chargée de porter à mon rival, ou crains ma vengeance. » Marton, effrayée voulut en vain dissimuler; je lui arrachai la lettre en la chassant pour jamais de ma maison. « Fuis, lui dis-je, vile séductrice ; vas porter ailleurs ton adresse perfide et tes conseils affreux, et débarrasse-moi pour jamais de ta fâcheuse présence......» Marton, tremblante, se retira sans que j'en aie entendu parler depuis. Je rentrai dans un coin isolé de mon appartement pour y relire la lettre de mon infidelle épouse.... Elle respirait une tendresse sans égale, et toutes ses expressions étaient marquées au coin du plus vif sentiment.... « A minuit, disait-on, quand l'amour aura endormi l'indiscrète curiosité, venez, et vous saurez si vous êtes aimé de votre trop faible peut-être, mais très-aimante Lucie. »

Je mis en pièces ce billet funeste,

et je conçus le projet de désabuser Lucie sur le mérite physique de mon heureux rival ; je m'arrêtai avec plaisir à cette résolution , et je me retirai pour y réfléchir plus à mon aise. Ma femme était d'une complexion vive et portée au plaisir ; l'idée de la jouissance l'avait peut-être aveuglée , et je pouvais encore la tirer de son erreur. J'attendis impatiemment minuit , enveloppé dans un manteau , le chapeau sur les yeux , je m'introduisis dans l'appartement de Lucie qui déja m'attendait dans son lit.... Une veilleuse éclairait la chambre de sa lumière vacillante.... Je l'éteignis facilement en déployant mon manteau , et l'obscurité facilita le quiproquo.

Une voix demanda doucement : *Est-ce vous ?* Je répondis très-bas :

Oui, et après m'avoir fait attendre assez long-tems, je me glissai nud dans
le lit de ma perfide épouse... Sa chaleur et ses mouvemens passionnés
me prouvèrent qu'elle s'attendait à
être vigoureusement fêtée ; mais il
entrait dans mes vues de tromper ses
espérances , et je demeurai froid
comme un marbre.... ; et Lucie dont
la main me parcourait voluptueusement , usa toutes les titillations pour
émouvoir mes sens , mais en vain ;
j'étais insensible à ses carresses.......
Je sentis, sans en être plus disposé,
une liqueur brûlante qui se répandait
sur ma cuisse.... C'était le prix que
Lucie destinait à ma valeur , elle
payait ma lâcheté par cette espèce de
mépris..... Je m'applaudissais tout
bas de son dépit, je l'entendis s'écrier:

Zéphirin

Zéphirin ! Zéphirin ! à quel homme
t'ai-je sacrifié ? Cette réparation me
consola un peu, et je profitai du moment où, fatiguée de ses vains efforts,
elle sommeillait tranquillement, pour
m'esquiver sans qu'elle s'apperçût du
stratagême.

Je revins le jour même, et le soir
je jouis de l'embarras des deux amans;
Lucie paraissait piquée , et la conte-
nance de Dercy m'amusait beaucoup.
j'avais cependant une explication à
lui demander ; je l'entraînai au jardin , et lui montrai sa lettre en lui as-
surant que ma femme s'était empres-
sée de me la remettre ; le jeune homme s'excusa beaucoup , et d'une ma-
nière assez persuasive pour que je
renonçasse à mes idées de vengeance;
il me promit de ne plus songer à Lu-

I

cie, et j'appris à cette dernière que j'étais instruit de son projet d'infidélité ; l'absence soudaine de son officieuse soubrette avait déja éveillé ses soupçons ; mon aveu la convainquit. Larmes, prières, désespoir, tout fut employé pour obtenir le pardon ; je lui devais trop pour être inexorable... J'oubliai sa perfidie, et sa conduite m'a prouvé depuis qu'un caprice éphémère ne pouvait faire obstacle au nœud d'amour qui nous liait depuis si long-tems.

MELANGE DE POÉSIES.

TON HOROSCOPE.

A JULIE,

Âgée de 9 ans, qui touche fort agréable-
ment du forté-piano, et joue avec grace
des petits rôles de comedie.

Musique de M. BOIELDIEU.

TELLE qu'un lierre souple et rampant
S'attache à l'arbre tutélaire,
Sous l'aile d'une tendre mère,
Crois aimable et sensible enfant,

De même qu'un lys dans la plaine,
Beau d'innocence et de fraîcheur ,
Croit sous l'ombrage protecteur
Que lui prête un antique chêne.

D'une douce et tendre harmonie
Embellis tes jolis accens ;
Aux badinages de Thalie
Accoutumes tes jeunes ans.
Et si le tems qui fuit sans cesse
Doit flétrir , avec tes attraits ,
Les fleurs qui parent ta jeunesse ,
Le talent ne vieillit jamais.

Quand à ce cœur muet encor
L'amour viendra se faire entendre ,
Alors tu béniras le sort
Qui te donne une mère tendre :
Vas , tu lui rendras à ton tour
Tons les soins qu'un bon cœur procure;
On ne vole pas à l'amour
Ce que l'on donne à la nature,

Bientôt ton époux fortuné
Verra s'augmenter son ménage,
De même qu'un myrte sauvage
De nombreux fils environné,
Alors à ta jeune famille,
De la vertu suivant les pas,
Pour exemple tu donneras
Celle qui te nomma sa fille.

Par le C. N. R. A....RE?

LE VIEUX TOIT.

CONTE

Imité de DOUVILLE.

MADAME Alix, déja sur le retour,
Gissait au lit. Fièvre et paralysie
L'accablaient à-la-fois.... Mamour,
Dit son mari, vieillesse est maladie
Impossible à guérir.....: c'est une hôtellerie
Où pleut par-tout.·. Je te plains ; mais
   Ta toiture n'est pas nouvelle :
Elle offre aux vents le plus facil accès.
   Je le crois aisément, dit-elle ,
Le couvreur n'y monte jamais.

Par le même.

www.ingramcontent.com/pod-product-compliance
Lightning Source LLC
LaVergne TN
LVHW021744170726
843503LV00004B/1723